Helga Sander

# T-Shirts
# selbst bemalen

## Anleitungen und Vorlagen

**Augustus Verlag Augsburg**

# Inhalt

# Vorwort

Das Bemalen von Textilien ist in letzter Zeit immer populärer geworden. Das liegt sicher auch daran, daß der Fachhandel eine Vielzahl von Textilmalfarben anbietet, mit denen sich erstaunliche Ergebnisse erzielen lassen. Der allgemeine Trend zur Massenproduktion weckt zunehmend den Wunsch nach Individualität.

Wer Freude an Form und Farbe hat, wird auf den folgenden Seiten viele Anregungen finden, einfache Muster für den Anfang, anspruchsvolle Designs für den Fortgeschrittenen. So werden auch Impulse gegeben, eigene Ideen zu verwirklichen und schöpferisch tätig zu werden.

Viel Spaß

Ihre Helga Sander

# T- und Sweatshirts selbst bemalen

## Gewebe und ihre Eignung zum Bemalen und Bedrucken

T- und Sweatshirts werden heute in sehr unterschiedlichen Geweben angeboten. Dominierend sind zwar Shirts aus Baumwolle, jedoch gibt es noch viele Varianten in Mischgeweben. In jüngster Zeit sind auch T-Shirts in reiner Seide »in«, die einer besonderen Behandlung – sowohl beim Bemalen als auch in der Pflege – bedürfen.

In diesem Buch sind bevorzugt Shirts aus reiner Baumwolle zum Bemalen und Bedrucken benutzt worden, weil man auf ihnen problemlos, mit Ausnahme der Bügelfarben, arbeiten kann. Ein nicht zu unterschätzender Vorteil von Baumwolle: Sie ist preiswert und trägt sich gut auf der Haut. Mindere Qualitäten sind allerdings nicht immer formbeständig.

Besser sind in dieser Hinsicht Baumwollmischgewebe, die mit allen nur denkbar möglichen Farben dekoriert werden können – auch mit der Bügelfarbe.

Selbst wenn nach den Angaben der Hersteller nicht alle Farben fixiert werden müssen, das gilt sowohl auf reiner Baumwolle als auch auf Mischgeweben, habe ich der besseren Haltbarkeit wegen grundsätzlich alle Farben fixiert. Dazu habe ich die Shirts gewendet und die Rückseite der Bemalung mit der für das Gewebe jeweils zulässigen Höchsttemperatur gebügelt.

Ebenso habe ich auf Seide verfahren, die besonders vorsichtig behandelt werden muß. Speziell für Seiden werden auch Farben angeboten, die keine Fixierung erfordern (z. B.- Javana°-Art Marker).

Da das Seidengewebe durchlässiger ist als die vorhergenannten Gewebe, bietet es sich für die sogenannte Umkehrtechnik an (siehe Seite 23).

Alle auf den genannten Geweben fixierten Malereien sind waschbar. Baumwollgewebe habe ich sogar ohne wesentliche Farbverluste mehrfach ausgekocht.

*Handbemalte T-Shirts international! Die nebenstehenden Aufnahmen entstanden im Sommer 1991 in Spanien (Foto: M. Braun).*

# Das Spiel mit den Farben

Zum Bemalen und Bedrucken von textilen Geweben wird heute eine reichhaltige Palette von Farbarten in unzähligen Farbtönen angeboten.

Die wesentlichen Eigenschaften der von mir benutzten Farbarten und deren Verarbeitungsmöglichkeiten werden nachfolgend im einzelnen vorgestellt. Bei der Fülle der angebotenen Produkte empfehle ich aber dringend, bei allen Farben die Verarbeitungshinweise der Hersteller genau zu befolgen. Es werden nämlich laufend neue Produkte entwickelt und angeboten, so daß es unmöglich ist, auf jede einzelne Farbart und deren besondere Eigenschaften einzugehen.

Viele der genannten Farbarten lassen sich alleine verarbeiten, andere sind fast nur als zusätzliche Dekoration von Bedeutung , wie z. B. die Glitzerfarben.

In der »Galerie der Gestaltungsmöglichkeiten« werden, soweit es möglich ist, die Modelle nach den verwendeten Malmaterialien zusammengefaßt, zuerst die nur in einer Farbart bemalten, dann die vielfältigen Mischformen. Aus dem Rahmen fällt die von mir genannte Nitro-Frottage (siehe Seite 8 und 51). Sie ist genaugenommen keine Mal-, sondern eine Druck- und Dekorationstechnik. In Verbindung mit einer pfiffigen Malerei liegt sie voll im Trend unserer Zeit.

## Textilmalfarben

Diese Farben, auch als Stoffmalfarben bezeichnet, werden bevorzugt zur Bemalung von T- und Sweatshirts eingesetzt. Es ist nahezu jeder Farbton erhältlich.

Wesentliche Unterschiede gibt es im Deckvermögen der Farben. Einige sind nur für helle, andere nur für dunkle Gewebe geeignet. Achten Sie deshalb beim Einkauf auf die spezielle Verwendungsmöglichkeit.

Am sparsamsten sind Textilfarben in Gefäßen mit Drehverschluß. Die Farbe kann direkt aus dem Gefäß mit dem Pinsel aufgetragen werden.

Textilmalfarbe ist eine schnelltrocknende Farbe. Das ist vorteilhaft, wenn Sie unterschiedliche Tönungen exakt voneinander abgrenzen wollen. Bei Farbverläufen, d.h. beim Ineinandermalen verschiedener Tönungen (z. B. wenn Sie die

*Die Auswahl an Stoffmalfarben jeder Art auf dem deutschen und internationalen Markt ist riesig.*

Wangenpartie rötlich hervorheben wollen), müssen Sie sich beeilen, damit die Übergänge fließend und nicht abrupt enden.

*Ich habe folgende Farben verarbeitet:*
*Permanent von DEKA*
*Elbétex von Lefranc*
*Thermo-Tex von Hobbidee*
*Deco Art° von Rayher Hobby*
*simplicol° von Brauns-Heitmann*
*wikolin von WIKO*

## Metallicfarben

Darunter versteht man Stoffmalfarben mit Metallglanz, die auch als Fluoreszenz oder Perlmuttfarben angeboten werden (nicht zu verwechseln mit den Glitzer- oder Glitterfarben). Die Verarbeitung erfolgt wie bei den Stoffarben.

*Eine Auswahl von Farben:*
*DEKA Silk (Konturenmittel)*
*fluorescent von DEKA*
*Denim paint (Jeans-Metallicfarbe) von Heigl*
*Metallic von Hobbidee*
*PerlmuttMalfarbe wikolin von WIKO*
*Deco Art° Shimmering Pearls von Hobby Rayher*
*simplicol von Brauns-Heitmann gibt es auch als (farblosen) Metallic-Zusatz, den man mit jedem Farbton der simplicol°-Textilfarben (aber nur diesen!) beimischen kann.*

## Textilmalstifte

Sie werden als Faser-, aber auch als sogenannte Pumpstifte angeboten und eignen sich hervorragend zum Konturieren klarer Linien. Falls Sie gerade keine andere Far-

be zur Hand haben, lassen sich damit auch Flächen ausfüllen.

Unentbehrlich sind Textilmalstifte für viele Nitro-Frottage-Arbeiten, um unterschiedliche Motive harmonisch zu verbinden. Schreiben Sie zwischen die einzelnen Motive z.B. Namen, die Sie durch Striche zu einem Gesamtbild ergänzen.

*Folgende Stifte wurden benutzt:*
*Tex-pen und Tex-Pen Fein von Hobbidee*
*Javana°-Art Marker von Kreul*
*Cameo Silhouette von Heigl*
*DEKA Stoffmalstift*

## Lackfarben

Sie werden in Plastikfläschchen mit einer stiftartigen Tülle angeboten. Man kann deshalb auch von Lackstiften sprechen.

Mit Lackfarben lassen sich originelle Effekte auf schon fertige Motive zaubern.

Da Lackfarben sehr hart werden, sind sie jedoch nur für kleinflächige Motive geeignet. Trotzdem sind sie vielseitig einsetzbar, z.B. zum Hervorheben und Abgrenzen von Blättern und kleinen Blüten.

*Benutzt wurden amerikanische Lackfarben (Slick Pen) von Paint Writer°, die von der Firma Heigl vertrieben werden.*

## Leuchtfarben

Leuchtfarben sind auch noch bei völliger Dunkelheit wahrnehmbar. Sie lassen sich wie Lackfarben einfach und sparsam aus der Tülle auftragen.

*Benutzt wurde Neon Nite Lites, das von der Firma Heigl vertrieben wird. Diese Farbe ist auch als nachtleuchtende Plusterfarbe erhältlich.*

## Plusterfarben

Plusterfarben schaffen außergewöhnliche dreidimensionale Effekte. Sie werden in Gefäßen mit Drehverschluß für den Pinselauftrag und zum direkten Malen aus der Flasche mit Tülle angeboten.

Nach der vom Hersteller angegebenen Trocknungszeit werden die mit Plusterfarbe bemalten Gewebe auf der Rückseite gebügelt. Durch die Wärmeeinwirkung plustern sich die Farben je nach Dichte des Auftrages bis zu mehreren Millimetern auf. Die Farbenpalette ist weniger umfangreich als bei den Stoffmalfarben.

*Plusterfarben gibt es von Heigl und Hobbidee.*

# Glitzer- oder Glitterfarben

Mit diesen Farben zaubern Sie im Handumdrehen Disco-Atmosphäre. Sie werden in Glasbehältern mit Drehverschluß und in Plastikflaschen mit Tülle zum Direktauftrag angeboten und setzen Ihrer Phantasie und Kreativität keine Grenzen.

Graphische Muster können attraktiv ergänzt, Punkte markiert sowie schmale Zier- und Kontraststreifen gesetzt werden.

*Aus dem umfangreichen Materialangebot:*
*Wikolin Glitzer (für Feinzeichnungen)*
 *von WIKO bzw. WIKO Glitzergel*
*Denim Paint (Jeansfarbe) von Heigl*
*Glitter Glue (Dekostift) von Heigl*
*Paint Writer° (glitzer + glimmer)*
 *von Heigl*
*Heavy Metals° (zum flächigen Auf trag) von Rayher Hobby*

# Textilspray

Textilspray (bisher nur in einer kleinen Farbpalette erhältlich) wird wie alle Sprays in der Dose (FCKW-frei) angeboten. Im Verhältnis zu anderen flächig aufzutragenden Farben ist Textilspray teurer. Er eignet sich jedoch hervorragend für die Schablonenmalerei.

*Ich habe mit Wacolux Graffiti von Wagner gearbeitet.*

# Bügelfarben

Bügelfarbe ist eine Stoffmalfarbe, die indirekt aufgetragen wird. So werden z.B. Blätter mit Bügelfarbe einseitig eingefärbt. Nach dem Trocknen werden die Blätter mit der Farbseite auf das Gewebe gelegt.

Da die Motive (in diesem Fall also das Blatt) relativ lange heiß aufgebügelt werden müssen, wird zur Schonung des Gewebes Seidenpapier über den Farbträger (das Blatt) und das Gewebe gelegt. So lassen sich wunderschöne Motive einfach übertragen.

*Ich habe DEKA-Bügelfarbe benutzt.*

# Stoffdruckfarben

Stoffdruckfarbe wird wie Bügelfarbe indirekt aufgetragen. Streichen Sie die Farbe entweder direkt aus der Tube auf den Druckträger (z.B. eine Apfelhälfte) oder zuerst auf eine Unterlage (z.B. Papier, Karton, Folie). Von dort wird sie vom Druckträger (z.B. Stoffdruckmodel) durch kreisende Bewegungen aufgenommen und auf das Gewebe gedruckt.

*Ich habe mit Stoffdruckfarbe von DEKA gearbeitet. Es gibt jedoch noch viele andere Hersteller, deren Bügelfarben in erster Linie gewerblich genutzt werden.*

# Stoffmalkreide

Für das Gestalten von T-Shirts eignet sich ölhaltige Stoffmalkreide nur bedingt.

Auf einer glatten Unterlage kann man zwar gut stricheln und großflächig schraffieren. Mit der Breitseite der ganzen Kreide habe ich auch Muster von erhabenen Unterlagen (Stoffdruckmodeln) durchgedrückt. Ein Nachteil dabei war allerdings, daß diese Farbe sehr leicht verschmiert.

Beim Waschen sind diese Verschmierungen, die nur oberflächlicher Art waren, jedoch verschwunden.

Ideal ist Stoffmalkreide für schnelle und gegebenenfalls auch kurzlebige Bemalungen zu bestimmten Anlässen (Demos, Feten u.ä.).

# Nitro-Frottage

Auch wenn Nitro-Frottage nicht der richtige Fachausdruck für diese einfache, preisgünstige und doch so faszinierende Gestaltungstechnik sein sollte – ich habe sie so genannt, weil die verwendeten Materialien in diesem Wort enthalten sind:

Nitro-Verdünnung und Frotté-Stoff (z.B. alte Waschlappen und Handtücher); andere Stoffe sind nicht geeignet.

Nitro-Frottage ist keine Stoffmalerei im eigentlichen Sinn, sondern eine Übertragungstechnik für Bilder jeder Art: x-beliebige Ausschnitte aus Zeitungen und Zeitschriften, Kalenderblätter, schwarzweiße und farbige Fotokopien aus Büchern, von Fotos usw. oder dekoratives Geschenkpapier.

Für die Nitro-Frottage werden benötigt: 1 Dose Nitro-Verdünnung und handliche Stücke Frotté-Stoff, außerdem noch eine mit Aluminiumfolie umwickelte Kartonunterlage.

**Arbeitsablauf:**
Das Arbeiten mit Nitro-Verdünnung ist nicht ganz unproblematisch. Nitro-Verdünnung enthält Lösemittel und ist daher feuergefährlich. Arbeiten Sie deshalb am besten im Freien oder in gut belüfteten Räumen.

*Das hier gezeigte T-Shirt wurde mit der Stoffmalkreide Jaxon 50° von Vang gezeichnet.*

Ihr Arbeitsplatz sollte etwa so aussehen:

Eine ausreichend große und stabile Unterlage (Tisch, Arbeitsplatte). Notfalls können Sie auch auf dem Boden arbeiten.

Aus Gründen der Sicherheit und Sauberkeit sollten Sie die Unterlage abdecken. Jetzt wird das T- oder Sweatschirt auf die Unterlage gelegt. Bereiten Sie eine Pappe von der Größe des Shirts vor, die Sie der besseren Haltbarkeit wegen beidseitig mit Alufolie umwickeln. Ein Festkleben ist nicht nötig, da sich die Alufolie selbst andrückt (siehe Bild S. 11).

Die so vorbereitete Pappe wird in das Hemd geschoben und ermöglicht den Abdruck einer Nitro-Frottage sowohl auf der Vorder- als auch auf der Rückseite des Shirts.

Vorbereitete Bilder zurechtlegen. Sie können zwar auch rechteckige Bilder übertragen, eine bessere Wirkung erzielen Sie jedoch mit einem unregelmäßig gerissenen Rand. Feuchten Sie jetzt den Frotté-Stoff so stark an, daß Sie damit auch noch das Gewebe feucht (nicht naß!) bekommen.

Auf dieses feuchte Gewebe wird die Bildseite aufgelegt, angedrückt und mit einer Hand festgehalten. Mit dem immer noch feuchten, zusammengeballten Frotté-Tuch reiben und drücken Sie in kreisenden, streichenden und vorsichtig rubbelnden Bewegungen das Bildmotiv durch. Ihre Vorlage ist übrigens nur einmal verwendbar. Alle übertragenen Abbildungen erscheinen auf dem Gewebe spiegelverkehrt.

Übrigens: Vorlagen aus schlechtem Papier sind am besten, gestrichene Hochglanzpapiere dagegen weniger oder gar nicht geeignet.

## Mein Tip:

Üben Sie auf alten Hemden, Bettlaken, Stoffresten ... Vielleicht entwickeln Sie ganz neue Bilder. Probieren Sie es einfach aus!

# Motive und Vorzeichnungen

Geeignete Motive finden Sie in Kunst- und Designbüchern, Zeitschriften usw. Mit der Zeit entwickeln Sie beim Durchblättern auch ein Gefühl für Form und Farbe. Halten sich Ihre Malkünste in Grenzen, empfehle ich, auf die verkleinerten Vorzeichnungen im Anhang zurückzugreifen. Bei den Farben sollten Sie von der Vorgabe nicht zu weit abweichen, weil sonst die Harmonie des Gesamtbildes leicht gestört wird.

Sind Ihre Ambitionen größer, bieten sich unbegrenzte Möglichkeiten. Sie können die Vorgaben teilweise übernehmen und durch eigene Ideen ergänzen.

Alle Motive lassen sich mühelos über Fotokopiergeräte auf die gewünschten Formate vergrößern und sind dann Ihre Vorlagen zum Durchzeichnen.

Die besten Motive für die Nitro-Frottage fand ich in Zeitungen. Eine wahre Fundgrube sind internationale Zeitungen und Zeitschriften, z. B. »Magazine« mit großformatigen Fotos und Anzeigen.

Die Variationsbreite der bildlichen Umsetzung bei der Nitro-Frottage ist faszinierend. Meine Begeisterung hierfür kommt immer wieder zum Ausdruck. Lassen Sie auch Ihrer Phantasie freien Lauf. Scheinbar gegensätzliche Abbildungen können beliebig aneinandergefügt, kombiniert und dann zusätzlich bemalt oder dekoriert werden.

Für das stimmige Aussehen der Bildkomposition ist auch die Eigenfarbe des Zeitungsausschnittes entscheidend. Der Hintergrund darf weder zu pastellfarben noch zu dunkel sein.

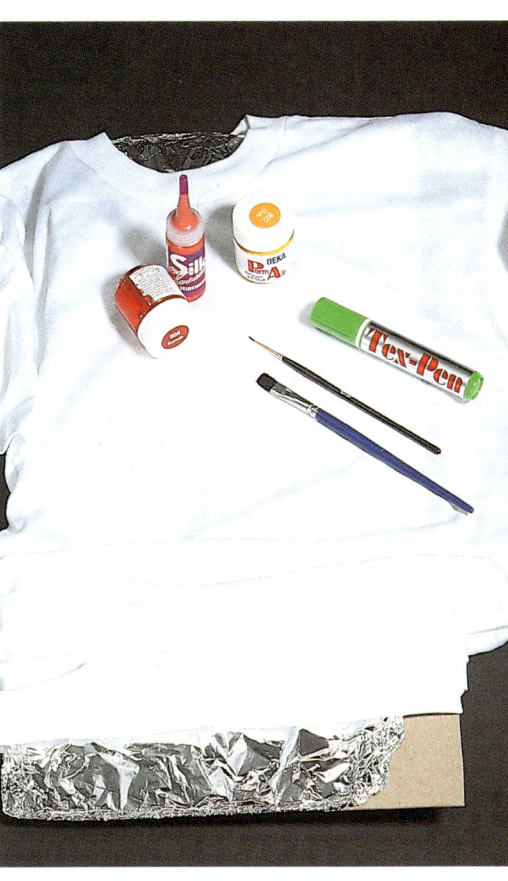

# Vor dem Malen und Drucken – die Vorbereitung

Wie bei der Nitro-Frottage, sollten Sie auf einer großen, stabilen Unterlage arbeiten, die entsprechend abgedeckt ist.

Bügeln Sie zuerst das Shirt ganz glatt und schieben Sie dann ein mit Alufolie überzogenen Pappkarton zwischen Vorder- und Rückseite. Die Alufolie ist unerläßlich, um das Durchsickern der Farbe auf das Rückenteil zu verhindern. Pappe allein reicht nicht, weil sie an der durchsickernden Farbe festklebt und hart wird.

Nun übertragen Sie das vorgesehene Motiv als Pausvorlage auf durchsichtiges Papier. Die durchsichtige Vorzeichnung ermöglicht Ihnen, das Motiv auf dem Shirt wunschgemäß zu plazieren. Markieren Sie dabei mit einem Lineal gleichmäßige Seitenabstände und ziehen Sie auch die Entfernung zum Halsausschnitt in die Berech-

nung mit ein. Befestigen Sie die Vorzeichnung durch Stecknadeln oder Klebeband, um ein Verrutschen zu verhindern. Jetzt benötigen Sie Schneiderkopierpapier (erhältlich in Papierwarenläden und Bastelgeschäften). Schieben Sie dieses Papier zwischen T-Shirt und Vorzeichnung und zeichnen Sie unter starkem Druck alle Linien exakt nach. Dieser Arbeitsvorgang ist für alle Bemalungen gleich, denen ein Entwurf oder eine Vorzeichnung zugrundeliegt.

Wer kann, darf auch freihändig zeichnen.

11

# Und so wirds gemacht –
# der Arbeitsablauf

Exemplarisch für viele Arbeitsabläufe wird hier beschrieben, wie ein farbenfrohes Blütenbild entsteht.

*Sie brauchen dazu Stoffmalfarben (hier von DEKA) in den Farben Pink, hell und dunkel Zitronengelb Goldgelb Dunkelgrün Grasgrün Hellgrün sowie Deckweiß*

Zwar sind alle Farben grundsätzlich miteinander mischbar; bei meiner Technik ergibt sich die Mischung aber erst beim Aufmalen auf dem Gewebe. In aller Regel, so auch hier, habe ich mit nur vier verschiedenen Pinseln gearbeitet: drei Flachpinsel der Größen 2, 4 und 6 und einem feinen Rundpinsel Nr. 000. Weiterhin benötigen Sie ein Gefäß mit Wasser sowie einen Lappen zum zwischenzeitlichen Reinigen des Pinsels.

Nun kann es losgehen! Sie beginnen das durchgepauste Motiv auszumalen. Beginnen Sie mit der Blüte links oben. Sie weist wenige Schattierungen auf und eignet sich somit gut zum Einarbeiten. Nehmen Sie helles Pink und malen Sie ausgehend vom Blüteninnern zum Blattrand. Ziehen Sie rasch ein bißchen dunkles Pink zum Blattrand hin und pinseln Sie dann beide Farben ineinander. Vermeiden Sie auf jeden Fall einen abrupten Übergang der Farben.

In derselben Weise entsteht Blatt für Blatt, mal mit mehr, mal mit weniger Schattierung.

Auch das Blattgrün wird auf diese Art ausgemalt, erst hell, dann dunkel, also Hellgrün, Grasgrün, Dunkelgrün.

Achten Sie besonders darauf, daß eine Blatthälfte immer heller als die andere ist. Wenn Sie dann noch zusätzlich das eine oder andere Blatt am Rand Dunkelgrün nachzeichnen, wirkt es um so natürlicher. Ist ein Blatt zu dunkel geraten, können Sie mit Gelb korrigieren.

Für die Blütenkelche werden zwei Gelbtöne verwendet, Zitronengelb und Goldgelb. Mit dem Rundpinsel wird der »Blütenstaub« seitlich auf das Gelb getupft.

Wollen Sie die einzelnen Blüten besonders betonen, so ziehen Sie die Blütenränder ganz zart mit einem schwarzen Textilstift nach. Malen Sie abschließend den auslaufenden Hintergrund, beginnend mit reinem Dunkelgrün über Hellgrün bis hin zum Weiß.

Nach dem Trocknen der Farben wird mit dem Bügeleisen auf der Baumwollstufe fixiert.

# Galerie
# der Gestaltungs-
# möglichkeiten

Zu den meisten Shirts finden Sie eine verkleinerte Motivvorlage am Ende des Buches.

Die Namen der Farbhersteller und die genannten Farbtönungen helfen Ihnen, die Modelle möglichst vorbildlich nachzuarbeiten. Es steht Ihnen selbstverständlich frei, Farben anderer Hersteller zu benutzen. Tönungsabweichungen sind dann aber nicht auszuschließen.

# Textil-
# malfarben und
# Metallicfarben

### Art Déco

Am einfachsten ist es, wenn Sie
sich genau an die Vorgaben in
Form und Farbe halten. Füllen Sie
zuerst alle geometrischen Flächen
sorgfältig aus, dann die Haare
und die Augen. Die verschiedenen
Schattierungen der Gesichter erreichen Sie, wenn Sie der Hautfarbe
etwas Sienna beimischen.

Je näher die Farben in der Abstufung und Schattierung beieinander
liegen, desto ausgewogener ist die
Wirkung. (Vorlage S. 58).

*Textilmalfarben:*
*DEKA Permanent, rot, weiß, türkis,*
*schwarz, grün, lila, braun und*
*pink.*

*Mein Tip:*

Statt der aufgemalten Ohrringe
echte annähen.

## Skate Board Bunny

Ziehen Sie das durchgepauste Motiv mit einem schwarzen Textilstift nach.

Sie können dann das Motiv nach eigenen Vorstellungen ausmalen oder die Farbvorgabe vom Original übernehmen.

Das pinkfarbene Hemd ist mit schwarzgoldenen Streifen besetzt, die blaue Hose mit verschieden großen schwarzen Punkten. für das Skateboard wurden braun, schwarz und grün verwendet, für die Räder rot und schwarz. Die Ränder von Skateboard und Rändern sind in Gold gefaßt (Vorlage S. 60).

*Textilmalfarben:*
*DEKA Permanent.*

*Metallicfarbe:*
*DEKA Silk, gold (Konturenmittel).*

*Mein Tip:*

Für das ganze Motiv die entsprechenden Leuchtfarben verwenden.

# Der Bogenschütze

Den Mittelpunkt dieses ausgefallenen T-Shirts bildet der Bogenschütze. Er ist im Stil eines Scherenschnitts dargestellt und schwarz ausgemalt. Aufgelockert wird das Motiv nur durch bunte unterbrochene Streifen (silber und violett in Metallicfarbe), die um den Bogen rund angeordnet und einheitlich goldfarben sind.

Wenn Sie auch am Ärmel Streifen anbringen möchten, dann achten Sie darauf, daß wie beim Hauptmotiv je ein schwarzer Streifen oben und unten abschließt. (Vorlage S. 57).

*Textilmalfarben:*
*Deco Art° von Hobby Rayher, gelb, pink, grün, schwarz, hellrot und türkis.*

*Metallicfarben:*
*Deco Art° Shimmering Pearls von Hobby Rayher, gold, silber und violett.*

## Der Klavierspieler

Wenn Sie sich genau an die Vorzeichnung halten, haben Sie in kurzer Zeit ein interessantes T-Shirt nachgearbeitet. Den leichten Glanz der weißen Klaviertasten erreichen Sie durch zweimaligen Farbauftrag. Die kurzen Tasten, die Musiknoten und der Stock können ausschließlich schwarz gemalt werden. Wenn Sie dann noch ein bißchen Perlmuttfarbe in das Schwarz des Hutes mischen, hebt sich der Zylinder farblich etwas ab. Der Handschuh ist vollflächig mit Perlmutt altrosé ausgemalt (Vorlage S. 75).

*Textilmalfarben:*
*Super Color Malfarbe Wikolin,*
*schwarz und weiß.*

*Metallicfarbe:*
*Perlmutt Malfarbe Wikolin, altrosé.*

### Mein Tip:

Vergrößerte Noten über das ganze T-Shirt verteilen.

# Der Taucher

Der Taucher wird mit schwarzer Textilfarbe, Lampe, Messer und Brillenrand des besonderen Kontrastes wegen in Silber ausgemalt. Den Wassereffekt erzielen Sie durch abgestufte Blautöne.

Tauchen Sie ab und zu den Pinsel tief in die weiße Farbe und ziehen Sie mit dem getränkten Pinsel kurze waagerechte Striche, um die Schaumkronen darzustellen (Vorlage S. 59).

*Textilmalfarben:*
*DEKA Permanent, schwarz, weiß, blau und rot.*

*Metallicfarben:*
*DEKA Silk, silber (Konturenmittel).*

## Mein Tip:

Wasser nur bis zu den Knien des Tauchers reichen lassen.

# Matisse

Reihen Sie vom rechten Ärmel aus wahllos Dreiecke, Balken, Kreise und verschobene Rechtecke übereinander, wobei sich die Figuren überschneiden dürfen. Am besten malen Sie alles mit einem dicken Textilmalstift vor und füllen es dann mit Stoffmalfarben aus.

Um die einzelnen Felder deutlich voneinander abzugrenzen, werden die Konturen silbern nachgezogen.

Lockern Sie die strengen geometrischen Formen auf, indem Sie eines der Felder mit stilisierten Blüten ausmalen. Dazu schneiden Sie eine Blüte aus Papier aus, die dann in unregelmäßigen Abständen in eines der größeren Felder übertragen wird (Abbildung S. 2 -Innentitel-Mitte rechts, aber ohne Motivvorlage).

*Textilmalfarben:*
*DEKA Permanent, schwarz, goldgelb, blau, braun und grün.*

*Metallicfarben:*
*DEKA fluorescent, blau, rosé und gold. DEKA Silk, silber.*

## Mein Tip:

Halbe Blüten steigern die Wirkung.

# Textilmalstifte und Textilmalfarben

## Hahn im Korb

Dieser farbenprächtige Hahn und auch das Gras wird ausschließlich mit Textilmalstiften gezeichnet. Die vielen eng aneinander gesetzten Striche stellen das bunte Federkleid dar.

Sie erleichtern sich die Arbeit wesentlich, wenn Sie mit den dunklen Federn beginnen und mit den hellen abschließen (Vorlage S. 61).

*Textilmalstifte:*
*Tex-pen von Hobbidee, schwarz, hellrot, dunkelrot, Hummer, hellbraun und dunkelbraun. Für das Gras: hellgrün, dunkelgrün und weiß.*

Echte Federn aufkleben

## Blumenpracht

Das großblumige Motiv erfordert fließende Farbübergänge, die sogar mit den Textilmalstiften einwandfrei zu erreichen sind. Je näher die Farben in der Abstufung beieinander liegen, desto ausgewogener ist die Wirkung. In die noch feuchte Fläche wird schon der nächste Farbton eingearbeitet.

Die kräftigen Farben gewinnen an Ausdruck, wenn alle Konturen mit einem schwarzen Textilstift nachgezogen werden (Vorlage S. 71).

## Pop-Art

Große Farbflecke in den unterschiedlichsten Formen sind durch schwarze Linien miteinander verbunden. Die einzelnen Striche sind durch schwarze Punkte in gleichmäßigen Abständen unterbrochen. Wenn Sie dann noch goldfarbene Transferfolie aufbügeln, entsteht ein Muster von ganz besonderem Reiz (ohne Vorlage).

*Textilmalfarbe:*
*Thermo-Tex von Hobbidee, rot, orange, gelb und türkis.*
*Textilmalstift:*
*Tex-pen von Hobbidee, schwarz.*

*Transferfolie:*
*Von Hobbidee, gold.*

Ein Teil des Untergrundes wird grün bemalt, das dann weiß ausläuft und von schwarzen Strichen und Punkten durchzogen wird.

*Textilmalstifte:*
*Tex-pen von Hobbidee schwarz, dunkelrot, hellrot, dunkelblau, hellblau, goldgelb, zitronengelb, ocker, dunkelpink, hellpink, dunkelviolett und hellviolett.*

*Textilmalfarbe:*
*DEKA Permanent grün (für den Hintergrund).*

# Rosen und Rauten

Dieses attraktive T-Shirt ist nur mit Textilstiften gemalt.

Übertragen Sie das Rosenmotiv in die Mitte des weißen T-Shirts und malen Sie Blüten und Knospen in Goldgelb, Hellgelb, mit einem Hauch Hummer zum Rand der Blüte hin, aus.

Für das Rosenlaub nehmen Sie ein dunkles Grün, mit Gelb vermischt, und legen den dunklen Teil des Blattes entweder in der unteren oder oberen Blatthälfte an. Verwen

den Sie für die Rosenstiele Hell- und Dunkelbraun, das Sie abwechselnd auftragen. Um die Konturen der Stiele hervorzuheben, ziehen Sie eine Seite – immer die gleiche – mit Schwarz nach. Die dekorative Schleife kommt durch den abgestuften Farbverlauf besonders gut zur Geltung. Ziehen Sie auch hier die Ränder ganz zart mit Schwarz nach.

Für die Rauten benötigen Sie ein mindestens 50 cm langes Lineal. Legen Sie es zuerst von der oberen linken Achselnaht schräg zur unte-

ren Mitte des Rosenmotives und ziehen Sie einen feinen Bleistiftstrich von der oberen rechten Achselnaht ebenfalls zur unteren Mitte des Rosenmotives, so daß sich die beiden Bleistiftstriche treffen. Nun füllen Sie dieses umgekehrtes Dreieck mit Strichen in Linealbreite aus, mal von rechts nach links, mal von links nach rechts. Auf diese Weise erhalten Sie Rauten, die Sie anschließend im Schachbrettmuster ausmalen (Vorlage S. 64).

## Kranz und Schleife

Für dieses recht einfach zu gestaltende Motiv bieten sich gleich zwei Maltechniken an: Mit Textilmalfarben und Textilmalstiften.

Zuerst werden die großen Flächen mit Textilmalfarbe ausgefüllt. Abschließend werden die Blattränder und Blattadern schwarz nachgezogen (Vorlage S. 61).

*Textilmalfarben:*
*DEKA Permanent, dunkelgrün, hellgrün, gelb, braun und schwarz.*

*Textilmalstifte:*
*Tex-pen von Hobbidee, dunkelgrün, hellgrün, gelb, braun und schwarz.*

### Mein Tip:

Wenn Sie es weihnachtlich mögen, fügen Sie etwas Goldglitter aus der Tube hinzu.

**Wichtig:** Tragen Sie die Farben besonders dick auf, damit sie durch das Gewebe dringt und die Wirkung dieser Technik voll zur Geltung kommt.

*Textilmalstifte:*
*Tex-pen von Hobbidee, dunkelblau, hellblau, dunkelpink, hellpink, goldgelb, zitronengelb, dunkelrot, hellrot, dunkelgrün und hellgrün.*

### Mein Tip:

Verwenden Sie reine Seide, sie eignet sich hierfür am besten.

*Textilmalstifte:*
*Tex-pen von Hobbidee, goldgelb, hellgelb, hummer, dunkelgrün, hellbraun, dunkelbraun, schwarz und rot.*

### Mein Tip:

Mit einem durchsichtigen Lineal erleichtern Sie sich die Arbeit beim Vorzeichnen.

## Sommer

Dieses T-Shirt ist aus Seide und in der sog. Umkehrtechnik bemalt. Bei dieser Technik wird das Motiv auf die linke Seite des T-Shirts aufgemalt. Ich habe einen Ausschnitt vom Motiv »Blumenpracht« (s. Seite 20 und Vorlage Seite 71) verwendet.

## Der Läufer

Der Bewegungsablauf des dargestellten Joggers wird durch die einheitlich schwarze Farbe besonders hervorgehoben. Die Wirkung wird verstärkt, wenn dem Schwarz etwas Metallicfarbe beigefügt wird.

Viele bunte Strahlen unterschiedlicher Länge rahmen das Läufermotiv ein. Im oberen Teil sind sie dicht aneinandergereiht, ausgeführt mit den dünnen Tex-pen (Vorlage S. 65).

*Textilmalstifte:*
*Tex-pen von Hobbidee, gelb, grün, rot, flieder, blau, grau und türkis.*

*Textilmalfarbe:*
*Simplicol° von Brauns-Heitmann, schwarz mit Metallic-Zusatz, ebenfalls von Simplicol°.*

## Mädchen mit Hut

Die Ausgestaltung dieses Motivs ist etwas aufwendiger. Schon beim Durchpausen ist besondere Sorgfalt erforderlich.

Konturieren Sie zunächst Hut und Kleid mit einem dunkelblauen Textilstift.

Da die Lebendigkeit der Darstellung auf dem Kontrast zwischen

Die Haarfülle erreichen Sie durch viele langgezogene Striche im Farbwechsel (Vorlage S. 63).

Sie erleichtern sich die Arbeit, wenn Sie das Gesicht genau vom Original übernehmen.

*Textilmalfarben:*
*simplicol° von Brauns-Heitmann, hellbau, dunkelblau, weiß gelb, braun, rot, hellgrün und dunkelgrün.*

*Textilmalstifte:*
*Tex-pen Fein von Hobbidee, mittelbraun, hellbraun und ocker.*

## Mein Tip:

Nähen Sie echte Knöpfe auf die Rüschen.

# High Society

Bei diesem Motiv sollte auf die genaue Einhaltung der Vorzeichnung geachtet werden.

Übernehmen Sie am besten auch die Farbvorgaben vom Original, denn nur so erzielen Sie eine harmonische Wirkung.

Da die Gesichter in einem einzigen Farbton ausgemalt sind, können Augen und Mund besonders betont werden (Vorlagen S. 62).

*Textilmalstift:*
*Javana° Art Marker von Kreul*

*Textilmalfarben:*
*Deco Art° Shimmering Pearls von Hobby Rahyer, pink, blau, gold, grün, silber und rot.*

Hell und Dunkel beruht, beginnen Sie am oberen Hutrand mit dunklem Blau, arbeiten dann immer mehr Hellbau ein und wechseln wieder zum dunklen Farbton. Nach dem gleichen Schema verfahren Sie beim Kleid und bei den Rüschen.

Für die Haare benötigen Sie feine Textilmalstifte in den Farben Mittelbraun, Hellbraun und Ocker.

# Glitzer- oder Glitterfarben und Kombinationen mit einer anderen Farbart

## Science-Fiction

Unser Wesen vom anderen Stern scheint nur aus einzelnen Gliedmaßen zusammengesetzt. Wenn Sie die Mittelstücke verlängern, läßt sich das Motiv beliebig vergrößern.

Ziehen Sie andere Farben vor, sollten Sie zumindest den Metalliceffekt beibehalten. Nur so wirkt die Darstellung überzeugend (Vorlage S. 66).

*Glitzerfarbe:*
*Paint Writer° (glitzer + glimmer) von Heigl, silber.*

*Metallicfarben:*
*Denim paint (Jeans -Metallicfarbe) von Heigl, blau, rot, grün, flieder, schwarz und beige.*

## Auf den Punkt gebracht

Für die beiden nächsten Bemalungen gibt es keine Vorlagen. Die Muster sind ganz einfach zu zeichnen – und doch wirkungsvoll. Das ursprünglich weiße T-Shirt wurde mit lila Stoffarbe in der Waschmaschine eingefärbt. Bedecken Sie die Fläche vom linken zum rechten Ärmel mit verschieden großen Kreisen und füllen Sie diese mit Glitter aus.
Die dunkle Umrandung der Kreise sollte dabei erhalten bleiben.

*Glitzerfarben:*
*Point Writer° (glitzer + glimmer) von Heigl, blau, rot und pink.*

*Mein Tip:*

Sie sparen natürlich Zeit und Arbeit, wenn Sie gleich ein lila T-Shirt besorgen und bemalen.

## Pink und Silber

Malen Sie gleichgroße rosarote Herzen in unregelmäßigen Abständen auf die Vorderseite.

Durch die zarte weiße Schattierung, die in unterschiedliche Richtungen weist, entsteht ein Reiz besonderer Art.

Das feine Rautenmuster auf den Herzen erhalten Sie mit Hilfe eines Lineals und eines schwarzen Textilmalstifts.

Als Tüpfelchen auf dem I setzen Sie mit Glitzerfarbe aus der Tube vereinzelt Punkte in jedes Herz und rahmen es ebenfalls mit Glitzerfarbe ein.

*Glitzerfarbe:*
*Paint Writer° (glitzer + glimmer) von Heigl, silber. Denim paint (Jeansfarbe) von Heigl, rot und weiß.*

*Textilmalstift:*
*Javana° Art Marker von Kreul, schwarz.*

### Mein Tip:

Herz aus Papier ausschneiden und die Umrisse abzeichnen.

## Am Strand

Auch die nächsten beiden Motive kommen ohne Vorlagen aus. Sehen Sie sich die beiden einfachen, aber farbenfrohen T-Shirts genau an.

Verwenden Sie beim Aufzeichnen dieses Musters am besten ein Biegelineal.

Die einzelnen Linien laufen wellenförmig vom linken Ärmel aus über das T-Shirt und werden nur durch einen Kreis in der rechten oberen Hälfte unterbrochen.

Silberglitter aus der Tube, vereinzelt aufgebracht, unterstreicht die Farben.

*Glitzerfarben:*
*Paint Writer° (glitzer + glimmer) von Heigl, silber.*

*Textilmalfarben:*
*DEKA Permanent, lila, braun, rot, pink, grün, grau, flieder und türkis.*

## Kunterbunt

Ein Motiv, an das sich auch Kinder heranwagen können.

Alle Rechtecke, Dreiecke und Quadrate sind leuchtend bunt ausgemalt. Mit Goldglitter aus der Tube wird ein Feld dekorativ vom anderen abgegrenzt.

*Glitzerfarben:*
*Wikolin Glitzer, gold.*

*Textilmalfarben:*
*DEKA Permanent braun, hellgrün, dunkelgrün, gelb, pink, blau, lila und orange.*

Muster auf die Ärmel ausdehnen.

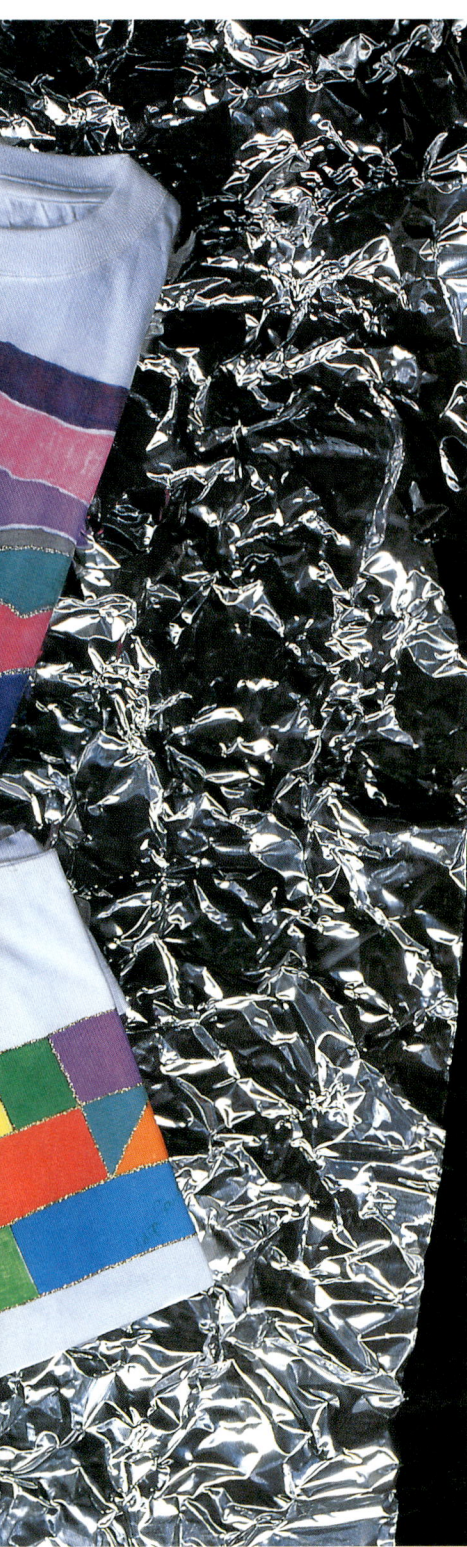

## Folklore

Die betont schlichte Ornamentik dieses Sweatshirts erinnert ein wenig an Bauernmalerei.

Mit Hellrot, Pink und Weiß, dazwischen vereinzelt ein Pinselstrich Goldglitter, ist das Motiv schnell angemalt. Die Rauten werden mit Goldglitter nachgezogen (Vorlage S. 69).

*Glitzerfarbe:*
*Deco Art°, Heavy Metals° von Rayher Hobby, hellrot, pink und weiß.*

*Paint Writer° (glitzer + glimmer) von Heigl, gold.*

*Textilmalfarbe:*
*Deco-Art° von Rayher Hobby,*

An den Kreuzungspunkten der Rauten Perlen aufnähen.

## Klatschmohn

Ob Sie die leuchtenden Mohnblu-men nun auf ein T-Shirt oder ein Sweatshirt übertragen – der Erfolg ist Ihnen sicher: in Form einer wir-kungsvollen Dekoration, die wenig Aufwand erfordert. Die Blüten sind in Braun, Rot und Hummer ausge-malt, das Blattgrün in Dunkelgrün, Hellgrün und Gelb mit jeweils fließenden Übergängen. Zur besse-ren Abgrenzung sind Blüten und Blätter schwarz umrandet. Ein Hauch von Glitter in Rot für die Blüten und Dunkelgrün für das Blattwerk verleiht diesem T-Shirt eine elegante Note (Vorlage S. 65).

*Glitzerfarbe:*
*Paint Writer (glitzer + glimmer)*
*von Heigl, grün und rot.*

*Textilmalstifte:*
*Tex-pen von Hobbidee schwarz,*
*braun, rot, hummer, dunkelgrün,*
*hellgrün, gelb.*

# Zahlensalat

So entsteht ein attraktives Sweat-shirt durch simples Spielen mit glit-zernden Zahlen.

Zuerst werden Zahlen von 0 bis 9 in der gewünschten Größe auf Transparentpapier entworfen.

Jetzt führen zwei Wege weiter: Falls Sie ein gutes Gefühl für Pro-portionen haben, schneiden Sie die Zahlen aus und pausen unter star-kem Druck die Vorzeichnungen mit Hilfe von Schneiderkopierpapier nach Ihrer Vorstellung direkt auf das Shirt.

Wollen Sie auf Nummer Sicher ge-hen, daß die Abstände harmonisch sind, dann schieben Sie die ausgeschnittenen Zahlen in die gewünschten, unterschiedlichen Stellungen auf einen großen Bogen Transparentpapier so lange, bis die Anordnung Ihrem Geschmack entspricht.

Erst jetzt werden die Zahlen auf dem großen Bogen fixiert und dann auf das Shirt endgültig mit Schnei-derkopierpapier übertragen.

Ausgemalt werden die Flächen in-nerhalb der Zahlen nur mit Glitzer-farben. Teilen Sie sich das Innere der Zahlenflächen so auf, daß Sie jeweils eine Farbe in alle dafür vorgesehenen Ziffern einmalen können. Sie erleichtern sich den Farbauftrag wesentlich.

Abschließend wird jede Ziffer mit Lackstiften in Gold und Silber um-rahmt.

Halten Sie die angegebene Trockenzeit für Glitzerfarben unbe-dingt ein.

*Glitzerfarben:*
*Paint Writer° (glitzer + glimmer)*
*von Heigl, gold, silber, schwarz,*
*rot, blau, grün.*

*Lackfarben:*
*Slick Pen von Paint Writer°*
*von Heigl, gold und silber.*

# Lackfarben und eine Kombination mit einer anderen Farbart

## Katzenliebe

Ein wirkungsvolles T-Shirt erhalten Sie schnell und ohne großen Aufwand, wenn Sie Katzen in den unterschiedlichsten Posen über die gesamte Vorderseite verteilen und mit Lackfarbe aus der Tube nachzeichnen. Aufgenähte Similisteine bringen die Katzenaugen zum Funkeln. Falls Sie Pailletten nicht mögen, kleine bunte Schleifchen sehen genauso gut aus (Vorlage S.68).

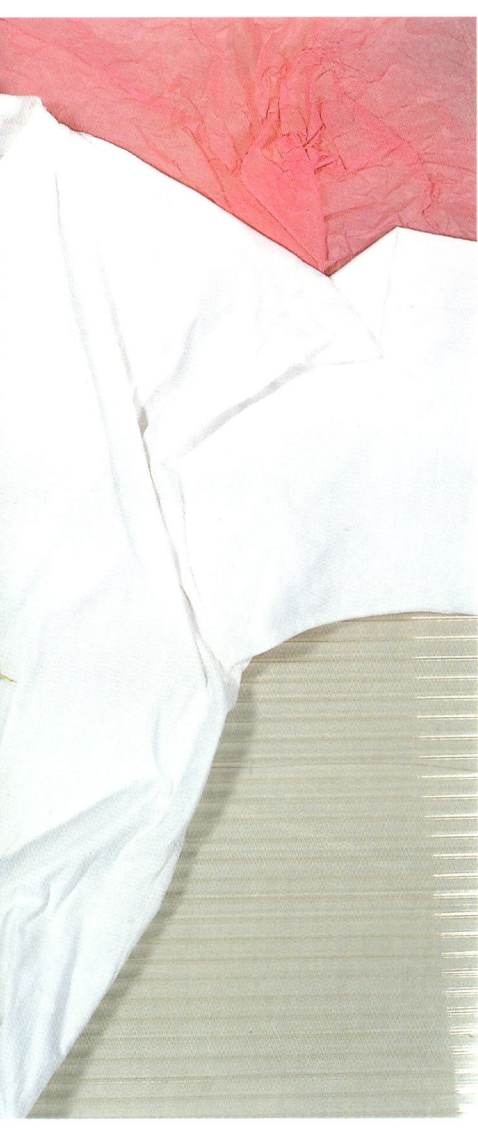

## Rosenblüte

Blüten und Blattwerk kommen grundsätzlich nur dann voll zur Geltung, wenn der Farbauftrag nach außen hin heller wird (Vorlage S. 67).

*Lackfarbe:*
*Slick Pen von Paint Writer°, gold (Vertrieb Heigl)*

*Textilmalfarbe:*
*DEKA Permanent, dunkelpink, hellpink, weiß, dunkelgrün und hellgrün.*

*Mein Tip:*

Ziehen Sie alle Ränder mit Goldlack aus der Tube sorgfältig nach. Ihr T-Shirt wirkt noch eleganter.

## Drachenfliegen

Für Anhänger des Drachenfliegens ist dieses T-Shirt sicherlich eine attraktive Geschenkidee.

Das Gestänge ist mit einem silbernen Lackstift aus der Tube markiert, die einzelnen Felder dem Original entsprechend oder nach eigenen Ideen farbig ausgemalt (Vorlage S. 69).

*Metallicfarben:*
*DEKA fluorescent, blau, gelb, grün und rot.*

*Lackfarbe:*
*Slick Pen von Paint Writer°, silber (Vertrieb Heigl)*

*Mein Tip:*

Initialen oder Telefonnummer in die Felder malen.

*Lackfarben:*
*Slick Pen von Paint Writer° (Vertrieb Heigl) dunkelblau, hellblau, gelb, grün, pink, rot, hellgrün, braun, schwarz und orange.*

*Similisteine:*
*Fa. Heigl*

## Filigran

Bügeln Sie Transferfolie in Gold
(auch in Silber erhältlich) von
Ärmel zu Ärmel sehr heiß und unter starkem Druck auf, lassen Sie
Folie und Sweatshirt gut auskühlen
und setzen Sie dann mit Lackfarbe
aus der Tube bunte Akzente, die
mit Goldglitter, ebenfalls aus der
Tube, eingefaßt werden.

*Lackfarbe:*
*Slick Pen von Paint Writer°, rot,*
*grün, hellgrün, pink und*
*blau (Vertrieb Heigl)*

*Glitzerfarbe:*
*Paint Writer°*
*(glitzer + glimmer),*
*gold (Vertrieb Heigl)*

*Transferfolie:*
*Von Hobbidee, gold.*

# Textilspray

## Astrologie

Unterschiedliche Zeichnungen
mit astrologischen Symbolen
werden willkürlich aneinander
bzw. übereinander geklebt und
vergrößert. Die Kopie wird mit
Nitro-Frottage auf das T-Shirt
übertragen.

Schneiden Sie nun verschieden
große Sterne aus Papier aus, die
Sie um die Nitro-Frottage mit
Stecknadeln feststecken und
großflächig abwechselnd mit Gelb
und Blau übersprühen.

Sie erhalten eines der reizvollsten
Designs.

*Textilspray:*
*Wacolux Graffiti von Wagner, blau*
*und gelb.*

## Esoterik

Schneiden Sie zwölf gleichgroße
Rauten aus Papier aus. Legen Sie
sie wie auf dem Bild zu sehen am
Halsausschnitt an und halbieren
Sie die drei überstehenden.
Feststecken, damit sie nicht
verrutschen.

Nun wird ein Bogen Transparentpapier darüber gelegt, die Umrisse
der Rauten werden nachgezeichnet
und anschließend auf dünne Pappe
übertragen und ausgeschnitten.
Die diagonalen Kreuze bleiben als
Stege (die später weiß bleiben)
stehen.

Auf dem glattgezogenen Shirt wird
die Schablone dicht angedrückt
und die jeweils gegenüberliegenden
ganzen oder halben Rauten werden
in Rot bzw. Pink ausgesprüht.

Ist die Farbe trocken, werden mit
einem goldfarbenen Lackstift
großzügig Spiralen auf die Rauten
aufgetragen. Die Zwischenräume
werden mit Strahlen ausgefüllt, die
durch Punkte unterbrochen sind.

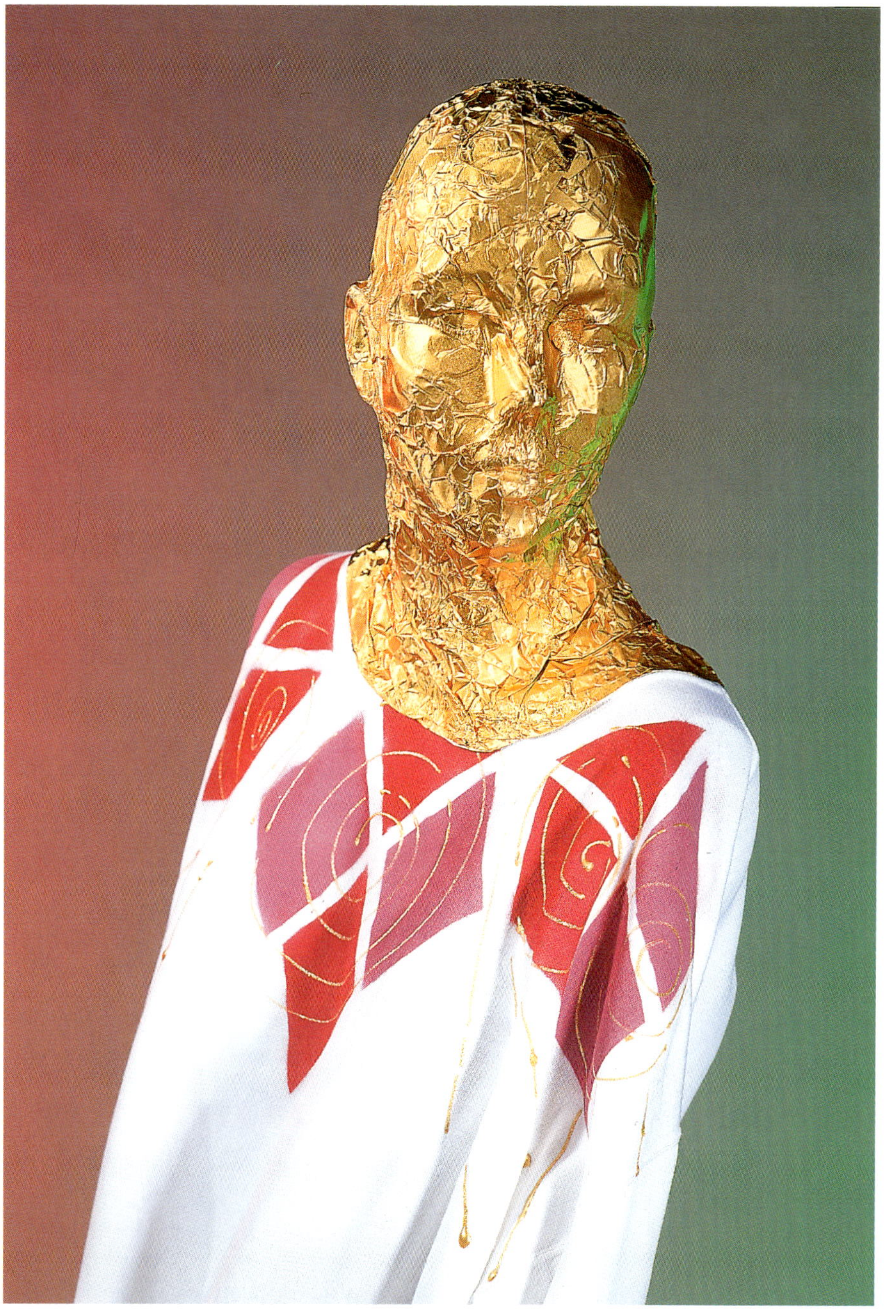

*Textilspray:*
*Wacolux Graffiti von Wagner, rot*
*und pink.*

*Lackfarbe:*
*Slick Pen von Paint Writer°, gold*
*(Vertrieb Heigl)*

**Mein Tip:**

Das Motiv über die Ärmel ausdehnen.

# Graffiti

Ein T-Shirt für Kinder. Das Hauptmotiv wird durch Nitro-Frottage übertragen. Malen Sie nun in bunter Reihenfolge  schwarzumrandete Herzen auf. Die Zwischenräume werden gestrichelt, schraffiert, ausgesprüht und mit Namen beschriftet.

*Textilspray:*
*Wacolux Graffiti von Wagner, rot, grün, blau, gelb und orange.*

*Textilmalfarbe:*
*DEKA Permanent, rot, gelb, grün, blau und orange.*

*Textilmalstifte:*
*Tex-pen von Hobbidee, schwarz, rot, grün, flieder, blau, gelb und braun.*

## Mein Tip:

Lassen Sie Ihr Kind selbst wählen, welchen Namen es auf dem T-Shirt haben möchte.
Verwenden Sie ein Foto Ihres Haustieres.
Gestalten Sie die Rückseite ähnlich wie die Vorderseite.

## Nostalgie

Eine Schablonenmalerei kombiniert mit Bügelfarbe. Mit Hilfe von Tortenspritze (die als Schablone dient), Textilspray und blauer Bügelfarbe entsteht im Handumdrehen ein originelles T-Shirt.

Die Tortenspitze wird über beide Ärmel hinaus angelegt, die restliche Fläche mit Zeitungspapier abgedeckt.

Sprühen Sie nun reichlich Farbe auf die Tortenspitze, die anschließend vorsichtig abgenommen werden kann.

Sind Sie mit dem Ergebnis zufrieden, streichen Sie noch sechs Blätter mit Bügelfarbe im gleichen Blauton ein, lassen die Farbe gut antrocknen und bügeln die Blätter mit der eingefärbten Seite auf dem T-Shirt auf.

*Textilspray:*
*Wacolux Graffiti von Wagner, blau*

*Bügelfarbe:*
*DEKA, blau*

# Plusterfarben und die Kombination mit einer anderen Farbart

## Plusterbuchstaben

Einfach und doch wirkungsvoll stehen diese bunten Buchstaben auf dem Shirt. Vergrößern Sie zuerst die Buchstaben nach der Vorlage auf das richtige Verhältnis zur Shirtgröße. Falls Sie auf Transparentpapier übertragen haben, sehen Sie sehr gut, ob die Proportionen stimmen.

Dann werden die auf das Shirt übertragenen Buchstabenumrisse mit Plusterfarben nach Lust und Laune ausgemalt.

Die Trocknungszeit der Farben muß nach der Herstellerangabe unbedingt eingehalten werden. Erst dann von der linken Seite bügeln, damit sich die Farben aufplustern. Je dicker der Farbauftrag, desto mehr plustert sich die Farbe auf (Vorlage S. 67).

*Plusterfarben:*
*von Heigl, grün, gelb, lila, weiß, rot, schwarz und hellblau.*

## Variante:

Sie können die Buchstaben auch beliebig durcheinander wirbeln.

## Sterngucker

Das Motiv der Sterngucker ist leicht nachzumalen, da die Gesichter der Kinder nur angedeutet sind.

Die Kleidung ist jeweils nur in einem Farbton – ohne Abstufungen – gehalten, während die Haare leicht schattiert sind.

Für die Aufschrift wurden Plusterfarben verwendet (Vorlage S. 70).

*Plusterfarben:*
*von Heigl, gelb, grün, lila, pink,*
*schwarz, hellgrün, orange und*
*hellblau.*

*Textilmalfarben:*
*Deco Art° von Hobby Rayher,*
*beige, braun, blau, pink, grün,*
*flieder, schwarz und rot.*

## Mein Tip:

Konturen mit einem schwarzen
Textilstift nachziehen (z. B. Tex-
pen von Hobbidee).

## Wer war das?

Dieses Motiv war ursprünglich eine
kleine, witzige Strichzeichnung. Sie
wurde über einen Kopierer auf das
gewünschte Format vergrößert und
dann übertragen.

Da durch die Vergrößerung die
Wirkung des Bildes teilweise ver-
loren ging, habe ich es kurzerhand
farbig ausgemalt: Textilmalfarbe
für den Menschen, Tiere und
Schrift in Plusterfarben (Vorlage
S. 70, Entwurf: Walter Demmer,
Neunkirchen)

*Plusterfarben:*
*von Heigl, hellbeige (Katze), braun*
*mit weiß (Hund), grün (Rasen)*
*und hellblau  (Fisch).*
*Grau, grün, rot und gelb für die*
*Schrift.*

*Textilmalfarben:*
*DEKA Permanent, grün (Jacke),*
*schwarz (Hose), hellbraun mit ein*
*bißchen weiß für Gesicht und*
*Hände.*

## Orchideen

Das Motiv ist schon auf der Vorzeichnung so angeordnet, daß es exakt am Halsrand abschließt.

Die Blüten werden in hellem und dunklem Pink sowie Dunkelrot ausgemalt. Für die Blätter habe ich zwei verschiedene Grüntöne verwendet (Vorlage S. 72).

Blütenblätter und Blattgrün werden – farblich abgestimmt – mit einer Schicht farblosen Glitters verziert, die Blütenstempel mit weißer Plusterfarbe hervorgehoben.

*Plusterfarbe:*
*Von Heigl, weiß.*

*Glitzerfarben:*
*Denim paint (Jeansfarbe) von Heigl, dunkelrot, hellpink, dunkelpink, hellgrün und dunkelgrün. Paint Writer° (glitzer + glimmer) von Heigl, hellgrün, dunkelgrün, kupfer und farblos.*

# Leuchtfarbe

## Boot ahoi

Ziehen Sie die Konturen des Bootes mit blauer Leuchtfarbe nach.

Bei Dunkelheit entsteht ein phosphoreszierender Effekt.

40

# Bügelfarbe

## Herbst

Ein Motiv mit einer interessanten Gestaltungsvariante: Die Blätter werden indirekt mit Bügelfarbe aufgetragen, der Stamm mit Textilmalfarbe gestaltet oder durch eine Applikation: Ich hatte gerade ein braunes Stück Stoff zur Hand, das ich in Stammform ausgeschnitten und aufgenäht habe.

Für die Blattdarstellung suchen Sie sich echte Blätter, die mit Bügelfarben in grün/gelb und braun/rot einseitig bestrichen werden. Trocknen lassen.

Dann ordnen Sie die Blätter so an (Farbseite auf das Gewebe), daß eine Baumkrone entsteht. Jetzt decken Sie alles mit einem Papier ab, bügeln sehr heiß einige Minuten darüber, bis die Farbe sich von den Blättern auf das Gewebe übertragen hat.

*Bügelfarben:*
*Von DEKA, rot, braun, grün und gelb.*

*Textilmalfarbe:*
*DEKA Permanent, braun*

*Mein Tip:*

Als zusätzliches Dekor Äpfel, Kirschen u. ä. aufmalen.

Glitter aus der Tube entlang aller Ränder und über die weiße Meeresoberfläche verteilt verleiht einen zusätzlichen Glanz (Vorlage S. 71).

*Leuchtfarben:*
*Neon Nite Lites von Heigl, blau und weiß.*

*Glitzerfarben:*
*Paint Writer° (glitzer + glimmer) von Heigl, blau und weiß.*

# Stoffdruck-farbe

# Gestaltungen mit mehreren Farbarten

## Sonnenblumen

Das prächtige Sonnenblumenmotiv läßt sich einfacher nacharbeiten als es den Anschein hat.

Pausen Sie es sorgfältig durch und malen Sie es in zweierlei Gelbtönen aus. Die Blütenstempel erhalten Sie, wenn Sie einen dicken schwarzen und braunen Tex-pen-Stift abwechselnd mit der Spitze fest aufdrücken. Für das Blattgrün habe ich zwei verschiedene Grün- und einen warmen Gelbton verwendet. Der Blattrand wurde schwarz konturiert, das Blattgeäst ebenfalls schwarz angedeutet (Vorlage S. 72).

*Textilmalfarben:*
*Thermo-Tex von Hobbidee, hell-gelb, goldgelb, hellgrün und dunkelgrün.*

## Apfelernte

Auf einem grünen T-Shirt kommt das Apfelmotiv mit Stoffdruckfarbe übertragen am besten zur Geltung. Zuerst wird über eine rechteckige Fläche von ca. 25 x 30 cm mit Deckweiß grundiert. Vor der weiteren Verarbeitung muß der Farbauftrag trocken sein.

Dann nehmen Sie einen Apfel und halbieren ihn so, daß das Kerngehäuse gut sichtbar bleibt. Die Schnittfläche wird mit Stoffdruckfarbe in Weiß, Gelb, und Hellrot bestrichen und fest auf das grundierte Rechteck gedrückt. Vor jedem Druck muß die Farbe erneuert werden. Kerne und Stiele in Schwarz eingezeichnet, beleben das Motiv. Grüne Plusterfarbe an den Rändern rundet die Darstellung optisch ab.

*Stoffdruckfarbe:*
*DEKA, gelb, grün, rot und weiß.*
*Plusterfarben:*
*von Heigl, grün.*

*Textilmalfarbe:*
*DEKA Permanent, deckweiß.*

*Textilmalstifte:*
*Tex-pen von Hobbidee, braun und*
*schwarz.*

*Plusterfarbe:*
*Von Hobbidee, gelb.*

**Mein Tip:**

Etwas gelbe Plusterfarbe und die
Sonnenblumen wirken noch echter.

# Urlaub

Aufgrund seiner Größe und klaren
Formen ist dieses Motiv leicht
nachzuarbeiten.

Pausen Sie die Vorzeichnung exakt
durch und ziehen Sie alle Linien
schwarz nach. Die Tönung der
Hautpartien erhalten Sie durch Bei-
mischung von etwas Sienna.

Das Muster des Badetuchs wird
durch eine dünne Schicht Goldfar-
be unterstrichen, die glitzernden
Wellen mit Silberglitter aus der
Tube hervorgehoben.

Verwenden Sie für den Sand beige
Plusterfarbe. Die Wirkung ist ver-
blüffend (Vorlage S. 78).

*Textilfarbe:*
*DEKA Permanent, pink, grün, blau,*
*weiß, sienna, violett, gelb, schwarz*
*und rot.*

*Glitzerfarbe:*
*Wikolin Glitzer, silber.*

*Textilmalstifte:*
*DEKA Stoffmalstift, schwarz*

*Plusterfarbe:*
*von Heigl, beige*

**Mein Tip:**

Sonne und Strahlen mit gelben
Glitter aus der Tube verzieren.

# Teuflisch

Ein Teil einer gezeichneten Glückwunschkarte unter Freunden als originelle Vorlage für ein T-Shirt!

*Das ist die Original-Glückwunschkarte zum Abitur. Das daraus entwickelte T-Shirt ist »teuflisch« gut.*

Die Vorlage, als einfache Schwarz-weiß-Kopie vergrößert, wurde mit Hilfe der Nitro-Frottage übertragen; sie ist deshalb spiegelverkehrt. (Man kann zwar auch abpausen, aber die Feinheiten gehen dann leicht verloren).
Abweichend vom Original wurden die Farbflächen kräftiger ausgemalt und mit Glitzerfarben effektvoll überdeckt (Vorlage S. 73, Entwurf: Daniel Jennewein, Walluf).

*Textilmalfarben:*
*Deco Art° von Hobby Rahyer, grün, blau, beige und rot.*

*Glitzerfarben:*
*Deco Art° Heavy Metals von Hobby Rayher, silber, blau und grün.*

*Textilmalstift:*
*Javana° Art Marker von Kreul*

# Auf dem Jahrmarkt

Für dieses Motiv ist besondere Sorgfalt schon bei der Vorzeichnung erforderlich.

Das Karussellpferd in Weiß, Ocker und Braun weist Schattierungen auf, um die einzelnen Körperteile voneinander abzuheben und der Mähne Fülle zu verleihen. Bedenken Sie, daß fließende Übergänge meist wirkungsvoller sind als grelle Kontraste.

Den Stab habe ich mit Glitzergel in Gold ausgefüllt, den Rahmen in den Metallicfarben Gold und Blau (Vorlage S. 76).

*Textilmalfarben:*
*Thermo-Tex von Hobbidee, hellblau, dunkelblau, rot und weiß.*

*Textilmalstifte:*
*Tex-pen von Hobbidee, schwarz, ocker, braun und grün.*

Metallicfarben:
*Metallic von Hobbidee, blau und gold.*

*Glitzerfarbe:*
*WIKO Glitzergel, gold.*

## Mein Tip:

Sattelzeug mit farblosem Lack überziehen.

## Eisbär

Ein dunkelblaues T-Shirt ist der ideale Untergrund für dieses Motiv, das verschiedene Blautöne aufweist.

Der Himmel ist metallicblau eingefärbt, der Felsrand weiß abgesetzt und nach innen verwischt.

Für den Eisbären habe ich weiße Plusterfarbe verwendet, der etwas Braun beigemischt wurde (Vorlage S. 74).

Große lose Stiche mit blauem Metallicgarn vermitteln die Illusion, als sei das Motiv nur aufgenäht.

*Metallicfarben:*
*Denim paint (Jeans-Metallicfarbe) von Heigl, hellblau, dunkelblau, silber und weiß.*

*Plusterfarben:*
*Von Heigl, weiß und braun.*

*Metallicgarn:*
*Von Mez, blau.*

## Beim Tierarzt

Eine lustige Dekoration für Kinder-T-Shirts ist diese Szene beim Tierarzt in der Art eines Cartoons. In die Gesichter sind nur Augen gemalt, die Ohren sind leicht angedeutet. Alle Konturen werden schwarz nachgezeichnet.
Die Plusterfarben habe ich nur zur Hervorhebung der Giraffe und für die Schrift verwendet (Vorlage S. 75).

*Textilmalfarben:*
*Deco Art° So Soft von Hobby*

## Symphonie

Wählen Sie für dieses Motiv, das aus drei halbierten Einzelmotiven zusammengesetzt ist, ein dunkles T- oder Sweatshirt.

Das ausdrucksstarke, halbierte Gesicht (Vorzeichnung Seite 74) ist bewußt überzeichnet. Verschieden breite Wellen wechseln mit geometrischen Formen, deren Ränder mit Silberglitter aus der Tube nachgezogen sind.

*Textilmalfarben:*
*Super Color Malfarbe Wikolin von WIKO, gelb, blau, rot, grün, grau und braun.*

*Metallicfarbe:*
*Permutt Malfarbe Wikolin von WIKO, hellsilber, dunkelsilber, grau und schwarz.*

*Glitzerfarbe:*
*Wikolin Glitzer, silber.*

*Rayher, weiß, rot, blau, beige, gelb und braun.*

*Textilmalstift:*
*Javana° Art Marker von Kreul, schwarz.*

*Plusterfarben:*
*Von Heigl, gelb für die Giraffe, lila und rot für die Buchstaben.*

### Mein Tip:

Falls Sie hierbei mit Textilmalstiften arbeiten, können Sie auch die Flächen damit zeichnen.

### Mein Tip:

Lassen Sie die Wellenlinien über einen Ärmel hinauslaufen.

# Eine Skifahrt
# die ist lustig . . .

Das Motiv wird von den drei Comic-Figuren beherrscht, die z.T. mit fluoreszierender Farbe ausgemalt sind.

Durch die Konturierung mit einem schwarzen Textilstift wird der Eindruck von Tiefe noch verstärkt.

Tragen Sie großzügig weiße Plusterfarbe auf die noch freie Fläche auf. Vergessen Sie nicht die Tannenspitzen!

Die angegebene Trocknungszeit muß unbedingt eingehalten werden, bevor Sie das Motiv auf der linken Seite bügeln (Vorlage S. 79).

*Textilmalfarben:*
*DEKA Permanent, braun, grün und schwarz.*

*Textilmalstift:*
*DEKA schwarz.*

*Metallicfarbe:*
*fluorescent von DEKA, pink, blau, grün, rot und silber.*

*Plusterfarbe:*
*von Heigl, weiß.*

## Mein Tip:

Vereinzelt etwas Silberglitter aus der Tube über den Schnee verteilen.

# Hexe

Große Motive sind oft sehr wirkungsvoll, müssen aber farblich zum T- oder Sweatshirt passen.

Zum Ausmalen der Figur und des Besens habe ich Lila, Blau, Schwarz, Gold und Braun verwendet. Den warmen Hautton habe ich mit Beige angelegt und dann das Braun eingezogen.

Die Farben wirken intensiver, wenn Sie etwas Glitter (farbe) hinzufügen, das kann im feuchten aber auch im bereits trockenen Zustand geschehen (Vorlage S. 77).

*Textilmalfarbe:*
*Deco Art° von Rayher Hobby, beige, braun, schwarz, lila, blau und weiß.*

*Glitzerfarben:*
*Heavy Metals° von Rayher Hobby, gold, silber, blau, rot, grün und violett.*

*Textilmalstifte:*
*Javana°-Art Marker von Kreul, schwarz.*

## Mein Tip:

Textilmalfarben und Glitter farblich aufeinander abstimmen.

## Abstrakte Kunst

Nehmen Sie ein Buch/ eine Zeitschrift über moderne Kunst zur Hand und lassen Sie Form und Farbe auf sich einwirken. Mit ein wenig Phantasie können Sie ganz ähnliche Effekte erzielen.

Zeichnen Sie vom Halsrand ausgehend mit einem schwarzen Textilmalstift einige Flächen vor, malen Sie diese in Ihren Lieblingsfarben aus und fügen Sie weitere hinzu, bis die ganze Vorderseite bedeckt ist.

*Textilmalfarben:*
*Deco Art° von Hobby Rayher, rot , gelb, schwarz, braun und weinrot.*

*Metallicfarbe:*
*Deco Art° von Hobby Rayher, gold.*
*Textilmalstift:*
*Tex-pen von Hobbidee, schwarz.*

*Mein Tip:*

Alle Formen und Figuren in abgestuften Blautönen ausmalen.

# Nitro-Frottage und Kombinationen mit anderen Farbarten

## Marilyn

Hauptmotiv ist eine Marilyn-Monroe-Fotografie, die durch Nitro-Frottage auf das T-Shirt übertragen wird.

Schneiden Sie aus Papier ein kleines Rechteck aus und zeichnen Sie die Umrisse rund um die Nitro-Frottage auf. Malen Sie nun diese Rechtecke in zarten Pastelltönen aus und ziehen Sie die Konturen mit Silberglitter aus der Tube nach.

Nähen Sie nun ein Stück Spitze, z. B. aus altem Vorhangstoff, in Form eines Kragens auf. Drei stoffüberzogene Knöpfe unterstreichen die Wirkung.

*Glitzerfarben:*
*Paint Writer° (glitzer + glimmer) von Heigl, Silber, Denim Paint (Jeansfarbe) von Heigl, pink, flieder, silber und rot.*

## Mozart

Die Darstellung der Mozartfamilie, von Notenblättern aus einer alten Klavierschule umrahmt, ist als Dekoration völlig ausreichend und gleichzeitig ein hervorragendes Beispiel für die nahezu unbegrenzten Möglichkeiten der Nitro-Frottage.

Das passende T-Shirt für junge Mozartfans.

## Collage

So grundverschieden die Abbildungen auch sein mögen, die mit Nitro-Frottage auf das T-Shirt produziert werden – im Zusammenspiel mit bunten Punkten und Rechtecken ergeben sie ein interessantes Dekor.

Malen Sie Punkte und Rechtecke teilweise mit Glitzerfarbe an.

## Experiment

Experimentieren Sie einfach nach Lust und Laune.

Farblich auf die Hauptmotive abgestimmte Rechtecke stellen den Übergang zwischen den beliebig aneinandergereihten Abbildungen aus Zeitungen und Zeitschriften her.

*Textilmalfarbe:*
*DEKA Permanent, grün, rot, blau, braun, gelb und violett.*

*Textilmalstifte:*
*DEKA Stoffmalstift, schwarz*

## Urlaubserinnerung

Sie waren gerade im Urlaub und haben sich kein Souvenir mitgebracht? Machen Sie es nachträglich selbst: Nehmen Sie ein Kalenderblatt mit einem typischen Landschaftsbild. Zur Steigerung der Wirkung, noch ein paar Texte dazu und alles per Nitro-Frottage übertragen.

Sie haben ein ganz persönliches Urlaubssouvenir.

Alle Motive erscheinen übrigens spiegelverkehrt. Schriftzüge sind daher kaum lesbar

*Tetilmalfarbe:*
*DEKA Permanent, gelb, rot, pink, blau, dunkelgrün*

*Metallicfarben:*
*fluorescent von DEKA, pink, rot, gold, silber, blau und kupfer*

## Drei Affen

Auch in diesem Fall wurde eine Farbkopie (hier aus einem Tierbuch) durch Nitro-Frottage auf das T-Shirt übertragen.

Die Beschriftung läßt sich mühelos mit Textilmalstiften anbringen.

*Textilmalstifte:*
*Javana° – Art Marker von Kreul, rot, gelb und braun.*

## Anno 1900

Die Kalenderblätter als Vorlagen werden vorsichtshalber kopiert und die Farbkopie mit Nitro-Frottage auf das T-Shirt übertragen.

Fassen Sie den auslaufenden Rand anschließend mit Konturfarbe in Gold, beziehungsweise in Silber ein.

*Metallfarbe:*
*DEKA Silk, gold und silber (Konturenmittel).*

Spitze oder kleine Samtschleifen aufkleben.

## Blütenkranz

Lassen Sie Ihr Lieblingsfoto vergrößern und übertragen Sie es mit Nitro-Frottage auf ein T-Shirt.

Ordnen Sie dann den Blütenkranz so an, daß er das Gesicht umrahmt.

Blüten - und Blatträder werden mit Silberfarbe nachgezogen, ebenso die Blattadern (Vorlage S. 76).

*Textilmalfarbe:*
*simplicol° von Brauns-Heitmann, gelb, dunkelgrün, hellgrün, blau und rot.*

*Metallicfarbe:*
*DEKA Silk silber (Konturenmittel).*

*Textilmalstifte:*
*DEKA Stoffmalstift, schwarz (für Blütenstempel).*

## Oldtimer

Ein Motiv für Auto-Fans.

Fertigen Sie von Kalenderblättern eine Farbkopie an und übertragen Sie diese durch Nitro-Frottage auf das T-Shirt.

Die farblich abgestimmte Schraffierung erhalten Sie mit Textilmalkreide.

*Textilmalkreide:*
*Jaxon 50 von Vang, rot und blau*

## Putten

Mit Resten von Geschenkpapier lassen sich oft erstaunliche Ergebnisse erzielen.

Dünnes glanzloses Papier eignet sich für die Nitro-Frottage in der Regel besser als dickes glänzendes, da die Farben kräftiger erscheinen. Wenn Sie statt des Originalpapiers eine Farbkopie verwenden, können Sie dieses Problem umgehen.

Deuten Sie passend zu den zarten Pastelltönen viele kleine Wölkchen in einem kräftigen Hellblau, mit Weiß vermischt, an.

*Textilmalfarben:*
*DEKA Permanent, hellblau und*
*weiß.*

# Motivvorlagen

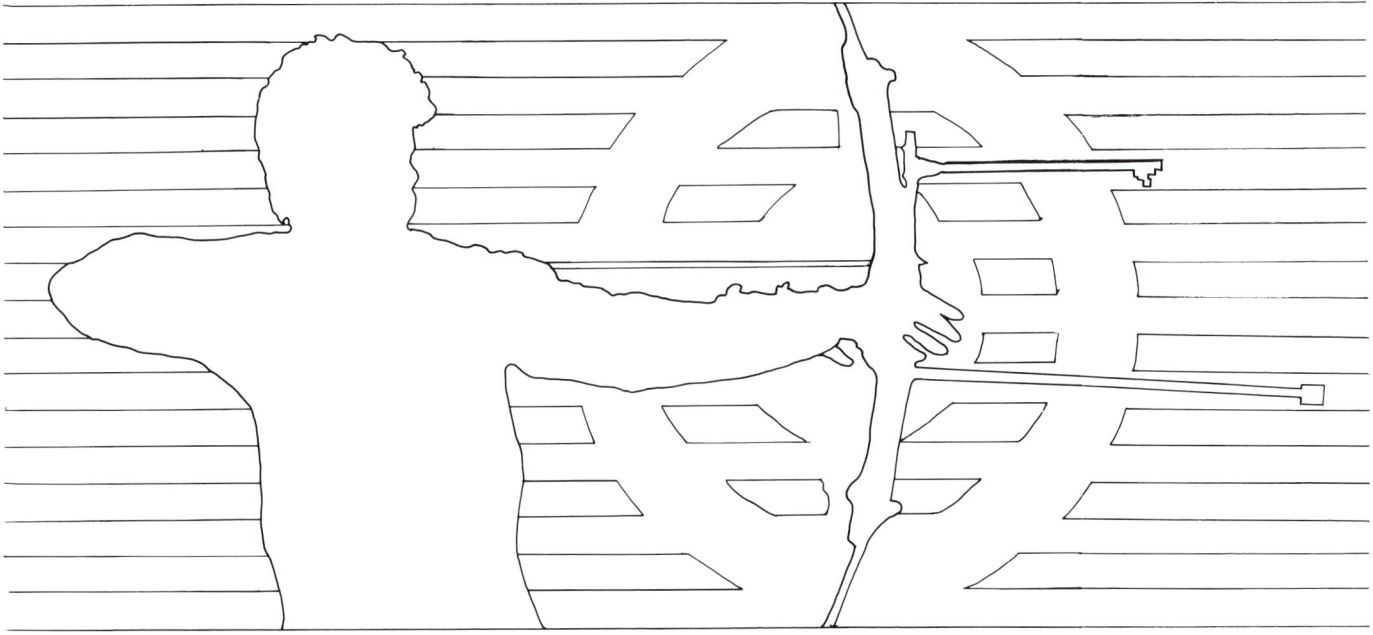

*Bogenschütze*
*Originalgröße 53 x 23,3 cm*

*Klavierspieler*
*Originalgröße 31,5 x 20,5 cm*

*Art Déco*
*Originalgröße 58 x 31,7 cm*

*Taucher*
*Originalgröße 24,5 x 41,5 cm*

*Skate Board Bunny*
*Originalgröße 46 x 35,5 cm*

Kranz und Schleife
Originalgröße 33,5 x 28,5 cm

Hahn im Korb
Originalgröße 33,5 x 38,5 cm

*High Society*
*Originalgröße 29,5 x 31,5 cm*

Mädchen mit Hut
Originalgröße 56 x 33 cm

*Rosen und Rauten*
*Originalgröße 38 x 27 cm*

*Sommer*
*Originalgröße 60 x39,7 cm*

*Klatschmohn*
*Originalgröße 26 x 50 cm*

*Läufer*
*Originalgröße 29,5 x 53,5 cm*

*Science-Fiction
Originalgröße 33,5 x 25 cm*

*Rosenblüte*
*Originalgröße 29,5 x 33,5 cm*

*Pusterbuchstaben*
*Originalgröße 51 x 17 cm*

abcdefghijklmn

opqrstuvwxyz

*Katzenliebe*
*Originalgröße 41 x 40 cm*

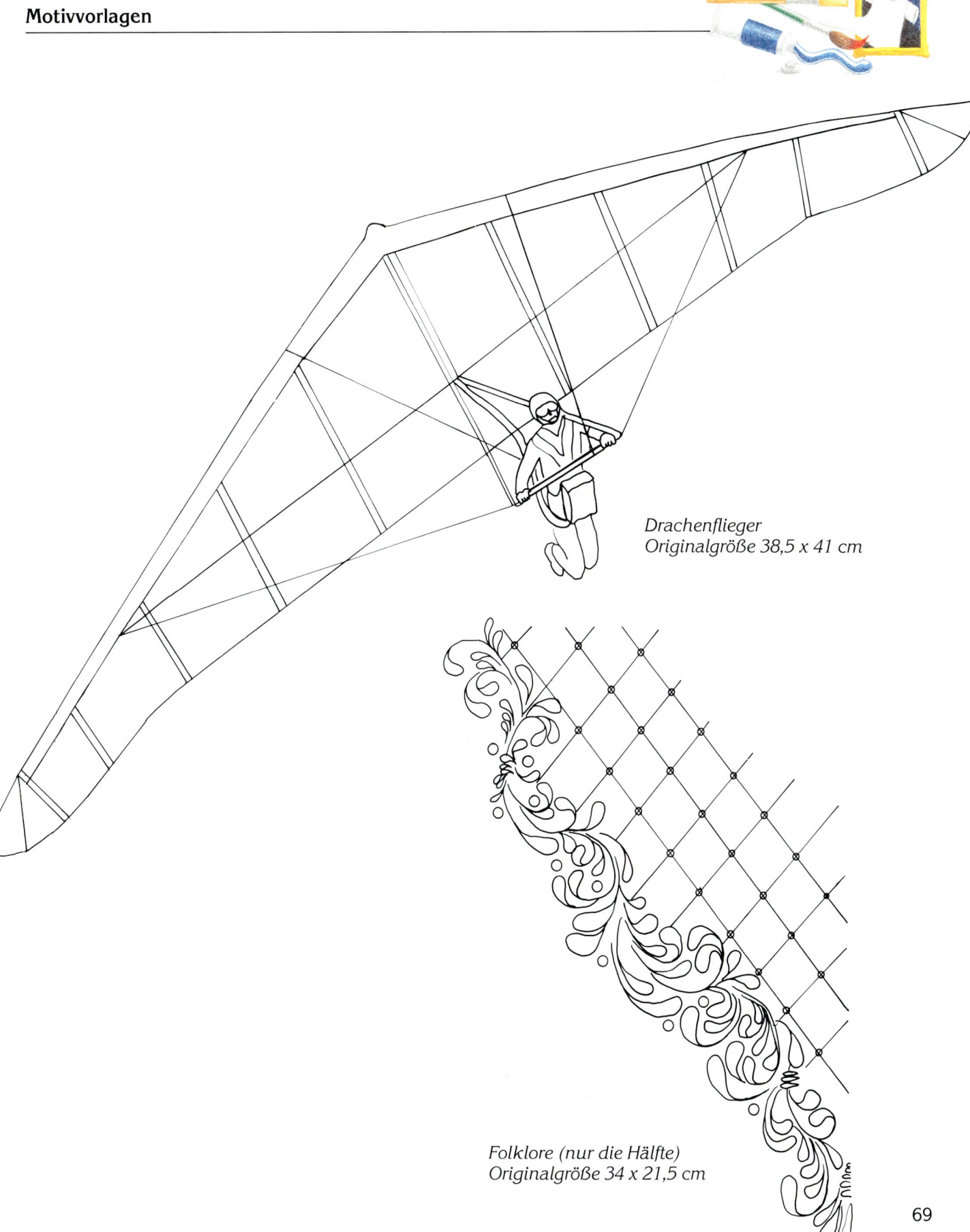

Drachenflieger
Originalgröße 38,5 x 41 cm

Folklore (nur die Hälfte)
Originalgröße 34 x 21,5 cm

Wer war das
*Originalgröße 26,5 x 27 cm*

*Sterngucker*
*Originalgröße 27 x 29 cm*

*Blumenpracht*
*Originalgröße 45 x 62 cm*

*Boot ahoi*
*Originalgröße 26 x 48,5 cm*

71

*Sonnenblumen*
*Originalgröße 39,5 x 39,5 cm*

*Orchideen*
*Originalgröße 37,8 x 26,5 cm*

*Teuflisch*
*Originalgröße 41,5 x 42 cm*

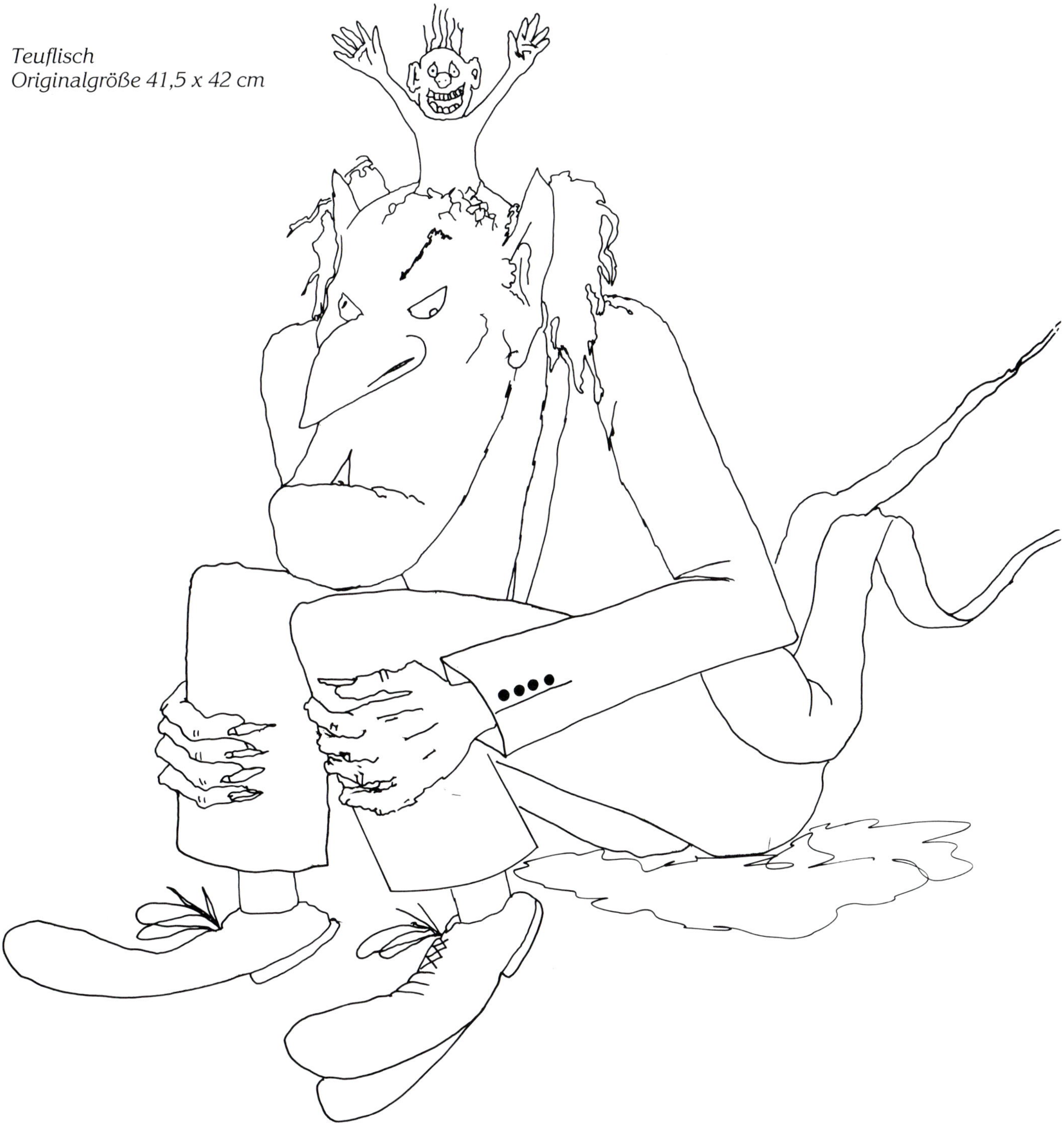

*Symphonie*
*Originalgröße 29,2 x 21 cm*

*Eisbär*
*Originalgröße 29 x 23,5 cm*

*Beim Tierarzt*
*Originalgröße 35 x 27 cm*

*Auf dem Jahrmarkt*
*Originalgröße 37 x 29 cm*

*Blütenkranz*
*Originalgröße 39,5 x 34 cm*

*Hexe*
*Originalgröße 48 x 34,5 cm*

*Urlaub*
*Originalgröße 46 x 39,5 cm*